Master your French vocabulary with CGP!

There are lots of words to learn for GCSE French, but never fear.
This small but mighty Vocabulary Book will see you through!

It covers every word on the AQA course, all arranged by topic —
and it's marked up for Higher and Foundation tiers too.

We've also included handy Sentence Builders to help you put
the vocab into practice — you can thank us later!

CGP — still the best! ☺

Our sole aim here at CGP is to produce the highest quality books —
carefully written, immaculately presented and dangerously close to being funny.

Then we work our socks off to get them out to you
— at the cheapest possible prices.

Contents

Section One — General Stuff
Numbers 2
Times 3
Dates 3
Questions 4
Being Polite 4
Opinions 5
Opinions — Verbs 5
Opinions — Adjectives 5
Useful Nouns 6
Useful Verbs 6
Useful Phrases 7
Sentence Builder — Seasons 8

Section Two — Identity and Relationships with Others
About Yourself 9
My Family and Friends 9
Describing People — Appearance 10
Describing People — Personality 11
Relationships and Partnerships 11
Sentence Builder — Your Family 13

Section Three — Healthy Living and Lifestyle
Food 14
Healthy and Unhealthy Living —
 Habits and Lifestyle 14
Healthy and Unhealthy Living —
 Sport and Exercise 15
Illnesses and Treatments 16
Sentence Builder — Health 18

Section Four — Education
School Subjects 19
School Life — Going to School 19
School Life — In Class 20
School Life — Facilities and Equipment 21
School Pressures and Difficulties —
 Exams 22
School Pressures and Difficulties —
 Rules and Behaviour 22
Sentence Builder — Your School 24

Section Five — Future Study and Work
Education Post-16 — Next Steps 25
Education Post-16 — University 25
Career Choices and Ambitions —
 At Work 26
Career Choices and Ambitions —
 Jobs 27
Sentence Builder — Your Future 28

Section Six — Free-time Activities
Music 29
Cinema, Theatre and TV 29
Sport 30
Going Out 30
Other Hobbies 31
Sentence Builder — Your Hobbies 32

Section Seven — Customs, Festivals and Celebrations
Celebrations 33
Customs and Festivals —
 Religion and Identity 33
Customs and Festivals — Traditions 34
Customs and Festivals — Entertainment ... 34
Sentence Builder — Festivals 36

Section Eight — Celebrity Culture
Favourite Celebrities 37
Celebrity Life — Career and Lifestyle 37
Celebrity Life —
 Positives and Negatives 38
Sentence Builder — Celebrities 39

Section Nine — Travel and Tourism
Where to Go 40
Accommodation 41
Travel 41
What to Do 42
Sentence Builder — Your Holidays 44

Section Ten — Media and Technology
Technology 45
The Internet — Going Online 45
The Internet — Online Shopping 46
Social Media 46
Sentence Builder — Technology 48

Section Eleven — Where People Live
Where You Live 49
The Home 49
The Local Area 50
Directions and Weather 51
Sentence Builder — Your Town 53

Section Twelve — Environmental and Social Issues
Protecting the Environment 54
Environment Problems 54
Social Issues — Social Problems 56
Social Issues — Politics 56
Social Issues — Helping Society 57
Sentence Builder — Environment 58

Section Thirteen — Nouns, Articles and Linking Words
Determiners 59
Subject Pronouns 59
Object Pronouns 59
Possessive Adjectives 59
Emphatic Pronouns 59
Reflexive Pronouns 59
Indefinite Pronouns 60
Prepositions 60
Conjunctions 60

Section Fourteen — Adjectives and Adverbs
Regular Adjectives 61
Indefinite Adjectives 61
Adverbs 61
Quantifiers and Intensifiers 62
Comparatives and Superlatives 62

Published by CGP.

Editors: Nathan Mair, Ilana Pearce, Anna Stringer, Alex Thompson

With thanks to Natalie Handley, Natalie Pomier and Hannah Roscoe for the proofreading.
With thanks to Alice Dent for the copyright research.

ISBN: 978 1 83774 212 7

Printed by Elanders Ltd, Newcastle upon Tyne.
Clipart from Corel®

Based on the classic CGP style created by Richard Parsons

Text, design, layout and original illustrations © Coordination Group Publications Ltd (CGP) 2024
All rights reserved.

Photocopying more than one section of this book is not permitted, even if you have a CLA licence.
Extra copies are available from CGP with next day delivery. • 0800 1712 712 • www.cgpbooks.co.uk

Section One
General Stuff

Numbers

le nombre	number
le numéro	number
un	one
deux	two
trois	three
quatre	four
cinq	five
six	six
sept	seven
huit	eight
neuf	nine
dix	ten
onze	eleven
douze	twelve
treize	thirteen
quatorze	fourteen
quinze	fifteen
seize	sixteen
dix-sept	seventeen
dix-huit	eighteen
dix-neuf	nineteen
vingt	twenty
vingt et un	twenty-one
vingt-deux	twenty-two
trente	thirty
quarante	forty
cinquante	fifty
soixante	sixty
soixante-dix	seventy
quatre-vingts	eighty
quatre-vingt-dix	ninety
cent	one hundred
mille	one thousand
le millier	thousand
le million	million
premier / première	first
deuxième	second
troisième	third
quatrième	fourth
cinquième	fifth
sixième	sixth
septième	seventh
huitième	eighth
neuvième	ninth
dixième	tenth
centième	hundredth
environ	about
la moitié	half
compter	to count

Your days are numbered!

Higher:

une dizaine	about ten
une centaine	about a hundred
la majorité	majority
la plupart (de)	most, majority (of)
le chiffre	figure, number
le compte	account, count
le milieu	middle

Times

l'heure (f)	hour, time
la minute	minute
demi	half
le quart	quarter
le matin	morning
midi	noon
l'après-midi (m)	afternoon
le soir / la soirée	evening
la nuit	night
minuit	midnight
le moment	moment
en ce moment	at the moment
tard	late
en retard	late
toujours	always
maintenant	now
après	after
avant	before
pendant	during
enfin	finally
parfois	sometimes
souvent	often
normalement	normally
généralement	generally
presque	almost
immédiatement	immediately
finalement	finally
longtemps	a long time, a long while
l'instant (m)	instant, moment

Dates

la date	date
lundi	Monday
mardi	Tuesday
mercredi	Wednesday
jeudi	Thursday
vendredi	Friday
samedi	Saturday
dimanche	Sunday
à (lundi) !	see you on (Monday)!
aujourd'hui	today
le jour / la journée	day
demain	tomorrow
hier	yesterday
le lendemain	next day
quotidien(ne)	daily
la semaine	week
le week-end	weekend
janvier	January
février	February
mars	March
avril	April
mai	May
juin	June
juillet	July
août	August
septembre	September
octobre	October
novembre	November
décembre	December
le mois	month
l'an (m) / l'année (f)	year

le siècle	century
la saison	season
le printemps	spring
l'été (m)	summer
l'automne (m)	autumn
l'hiver (m)	winter
la fois	time
le présent	present
le passé	past
l'avenir (m)	future
le futur	future
bientôt	soon
dernier / dernière	last
prochain(e)	next
récent(e)	recent
récemment	recently
H l'époque (f)	era, period, time

Questions

la question	question
quand ?	when?
pourquoi ?	why?
où ?	where?
comment ?	how?
combien ?	how much / many?
qui ?	who?
quoi ?	what?
que, qu' ?	what?
quel / quelle ?	which?
est-ce que, est-ce qu'	expression put before a verb that makes a sentence into a question

Being Polite

bonjour	hello, good morning
bienvenue	welcome
voici	here is
bonsoir	good evening
au revoir	goodbye
à bientôt	see you soon
à demain	see you tomorrow
ça va ?	how's it going?, how are you?
ça va	it's fine, I'm fine, it's OK
désolé(e)	sorry
attention	watch out, attention
(quel) dommage	what a shame
félicitations	congratulations
monsieur	sir, Mr, gentleman
madame	Mrs, Ms, madam, lady
mademoiselle	Miss, Ms
s'il te plaît	please (informal)
s'il vous plaît	please (formal)
merci (beaucoup)	thank you (very much)
d'accord	okay, alright

salut	hi, bye		
H enchanté(e)	pleased to meet you		

Opinions

l'opinion (f)	opinion
l'avis (m)	opinion, mind
le côté	side
l'idée (f)	idea
oui	yes
non	no
bien	well
mal	badly
probablement	probably
absolument	absolutely
malheureusement	unfortunately
peut-être	maybe, perhaps
ça m'est égal	I'm not bothered
la raison	reason
l'intérêt (m)	interest
le tort	wrong
le doute	doubt
l'espoir (m)	hope
la peur	fear
selon	according to

Higher:

c'est-à-dire	in other words, that is to say
la pensée	thought
le plaisir	pleasure
l'argument (m)	argument
le contraire	opposite, contrary

Opinions — Verbs

adorer	to love, really like, adore
aimer	to like
préférer	to prefer
détester	to hate, detest
exprimer	to express
raconter	to tell, narrate
intéresser	to interest
s'intéresser à	to be interested (in)
penser (à / de)	to think (about / of)

Higher:

poser	to ask, put (a question)
apprécier	to appreciate, like
souligner	to underline, stress
remarquer	to remark, notice
noter	to mark, write down, notice
ajouter	to add
concerner	to affect, concern, relate to

Opinions — Adjectives

bon(ne)	good
super	great
génial(e)	great, brilliant
préféré(e)	favourite
parfait(e)	perfect
excellent(e)	excellent
passionnant(e)	exciting, thrilling

Section One — General Stuff

extraordinaire	*extraordinary*	les gens (m)	*people*
amusant(e)	*funny, enjoyable, fun, amusing*	l'importance (f)	*importance*
		l'intention (f)	*intention*
		la liste	*list*
intéressant(e)	*interesting*	le moyen	*means, way*
heureux / heureuse	*happy*	l'ordre (m)	*order*
content(e)	*glad, pleased*	la possibilité	*possibility*
certain(e)	*certain, sure*	la situation	*situation*
clair(e)	*clear*	le sens	*sense, meaning*
triste	*sad*		
affreux / affreuse	*dreadful, awful, horrible*	la sorte	*sort, kind*
		le système	*system*
embêtant(e)	*annoying*	la vérité	*truth*
ennuyeux / ennuyeuse	*boring*	le cas	*case, scenario*
		le contexte	*context*
mauvais(e)	*bad*	la définition	*definition*
nul(le)	*rubbish*	la demande	*request, demand*
terrible	*terrible, dreadful*		
		le désir	*desire*
étonnant(e) *(Higher)*	*surprising, amazing, incredible*	le détail	*detail*
		le document	*document*
		l'émotion (f)	*emotion, feeling*
formidable	*terrific, astounding*	la manière	*manner, way*
		la mémoire	*memory*
		l'origine (f)	*origin, source*

Useful Nouns

l'accent (m)	*accent*	la perte	*loss*
l'article (m)	*article, item*	la production	*production*
la chose	*thing*	le reste *(Higher)*	*rest*
le début	*beginning*		
la décision	*decision*		

Useful Verbs

la difficulté	*difficulty*	apporter	*to bring (something)*
l'exemple (m)	*example*		
la façon	*way, manner*	avoir	*to have*
la fin	*end*	changer	*to change*

créer	to create	inclure	to include
croire	to believe	(avoir) inclus	to (have) included
être	to be	interrompre	to interrupt, halt
décrire	to describe	laisser	to leave, let
devenir	to become	occuper	to fill
dire	to say, tell	s'occuper (de)	to keep busy, take care (of)
(avoir) dit	(have) said, (have) told	oser	to dare
espérer	to hope	placer	to put, place
mettre	to put	se placer	to position yourself
(avoir) mis	(to have) put	produire	to produce, make
se mettre à	to start, begin	remercier	to thank
oublier	to forget	rendre	to return something, give something back, make
prononcer	to pronounce		
proposer de	to propose (to), offer, suggest		
se servir de	to use, make use of	reposer	to put down
		souhaiter	to wish
signifier	to mean	tenir	to hold
sourire	to smile	toucher	to touch
trouver	to find		

Useful Phrases

admettre	to admit
amener	to bring (someone)
appartenir	to belong
asseoir	to sit (someone)
s'asseoir	to sit down
avouer	to admit to, confess to
décevoir	to disappoint
définir	to define
démontrer	to demonstrate
dépendre de	to depend on
hésiter	to hesitate

il y a	there is / there are
il y aura	there will be
il y avait	there was / there were
il faut	it is, it's necessary, must
il est (difficile) de	it is (difficult) to
il manque	it is missing
il vaut la peine de	it is worth
il vaut mieux	it is better (to)

Sentence Builder — Seasons

Season's greetings! It's the perfect time to build a ~~snowman~~ sentence...

Have a go at answering this question: **'Quel est ton avis sur les saisons ?'**

Example: J'adore l'été car généralement il fait chaud. À mon avis, l'hiver, c'est nul parce qu'il fait froid. Cependant, j'apprécie le mois de décembre car j'assiste aux fêtes.

Combine words from different columns to create sentences.

J'adore *I love*	le printemps *spring*		généralement *generally*	le temps est agréable. *the weather is nice.*
Je préfère *I prefer*		car *because*	souvent *often*	il fait chaud. *it's hot.*
J'aime *I like*	l'été *summer*		normalement *normally*	je vais en vacances. *I go on holiday.*

Je pense que *I think that*	l'automne, *autumn*	c'est nul *is rubbish*	parce qu' *because*	il fait froid. *it's cold.*
Je trouve que *I find that*		c'est affreux *is horrible*		il y a de la neige. *there's snow.*
À mon avis, *In my opinion,*	l'hiver, *winter*	c'est terrible *is dreadful*	car *because*	il pleut tout le temps. *it rains all the time.*

Higher

Cependant, *However,*	j'apprécie *I appreciate*	le mois de novembre *November*	parce qu'il y a beaucoup de *as there are a lot of*	spectacles formidables. *terrific shows.*
Malgré cela, *Despite this,*	je ne déteste pas *I don't hate*	le mois de décembre *December*	car j'assiste aux *because I attend*	fêtes. *parties.*

Variety is the spice of life — use it to season your sentences...
Try expanding on the sentences above by giving more detail about your favourite season — the past tense will come in handy if you fancy being a tad nostalgic.

Section Two

Identity & Relationships with Others

About Yourself

le nom	name, surname, full name
appeler	to call
s'appeler	to be named
l'âge (m)	age
la date	date
(être) né(e)	(to have been) born
la naissance	birth
la jeunesse	youth
l'identité (f)	identity
handicapé(e)	disabled
la langue	language
français(e)	French
anglais(e)	English
britannique	British
américain(e)	American
canadien(ne)	Canadian
allemand(e)	German
espagnol(e)	Spanish
suisse	Swiss
européen(ne)	European
bi(sexuel) / bi(sexuelle)	bi(sexual)
gay	gay
hétéro	straight, heterosexual
non-binaire	non-binary
queer	queer
transgenre	transgender
l'enfance (f)	childhood
le sexe	sex
le handicap	disability

Higher:

africain(e)	African
chinois(e)	Chinese
marocain(e)	Moroccan
belge	Belgian
arabe	Arabic, Arab
francophone	French-speaking
québécois(e)	from Quebec

My Family and Friends

la famille	family
familial(e)	family (adj.)
la génération	generation
le membre	member
le parent	parent
le père	father
la mère	mother
le beau-père	step-father, father-in-law
la belle-mère	step-mother, mother-in-law
la fille	daughter
le fils	son
le frère	brother
la sœur	sister
l'oncle (m)	uncle
la tante	aunt

le cousin / la cousine	cousin	permettre	to allow, permit
l'animal (m)	animal, pet	(avoir) permis	(to have) allowed, (to have) permitted
les animaux (m)	animals, pets		
le chien	dog	manquer	to miss
l'ami(e)	friend	l'oiseau (m)	bird
s'entendre (avec)	to get on, get along (with)		
rencontrer	to meet, run into		

Higher applies to: permettre, (avoir) permis

Oiseauppppp

Describing People — Appearance

la personne	person
l'adulte (m/f)	adult
l'enfant (m/f)	child
le garçon	boy
la fille	girl
l'ado (m/f), l'adolescent	teenager, adolescent
l'homme (m)	man
la femme	woman
la dame	lady
jeune	young
vieux / vieil / vieille	old
le visage	face
les yeux (m)	eyes
les cheveux (m)	hair
long(ue)	long
court(e)	short
grand(e)	tall, big, large
petit(e)	short, small, little
la taille	size, height
joli(e)	pretty, attractive
beau / bel / belle	beautiful
la couleur	colour

proche	nearby, close
connaître	to know, be familiar with
passer	to spend time, pass
parler	to speak, talk
chatter / tchatter	to chat (online)
discuter	to discuss, talk about
aider	to help
l'aide (f)	help
comprendre	to understand
encourager	to encourage
entendre	to hear
écouter	to listen
excuser	to excuse, forgive
s'excuser	to apologise
la maman	mum, mummy
la connaissance	acquaintance
unique	unique
garder	to take care of, look after, keep
le lien	link, bond
soutenir	to support

Higher applies to: s'excuser, la maman, la connaissance, unique, garder, le lien, soutenir

noir(e)	black
blanc(he)	white
brun(e)	brown
rouge	red
bleu(e)	blue
vert(e)	green
ressembler à	to look like
se ressembler	to look alike
l'air (m) *(Higher)*	air, appearance
gris(e) *(Higher)*	grey
grandir *(Higher)*	to get bigger, get taller, grow

Describing People — Personality

la personnalité	personality
le sentiment	feeling
timide	timid, shy, bashful
bavard(e)	chatty, talkative
fier / fière	proud
drôle	funny
gentil(le)	kind
sympa, sympathique	nice, kind, friendly
agréable	pleasant, nice, agreeable
calme	calm, quiet
fort(e)	strong, loud
embêtant(e)	annoying
méchant(e)	nasty, naughty, mean
inquiet / inquiète	worried, anxious
sérieux / sérieuse	conscientious, responsible
travailleur / travailleuse	hard-working
paresseux / paresseuse	lazy
ennuyeux / ennuyeuse	boring
strict(e)	strict
spécial(e)	special
intelligent(e)	intelligent
la colère	anger
l'indépendance (f)	independence
patient(e) *(Higher)*	patient
vif / vive *(Higher)*	lively
la blague *(Higher)*	joke
le type *(Higher)*	type, guy
le respect *(Higher)*	respect
respecter *(Higher)*	to respect
sembler *(Higher)*	to seem
se sentir *(Higher)*	to feel
la responsabilité *(Higher)*	responsibility
responsable *(Higher)*	responsible
libéral(e) *(Higher)*	liberal
sensible *(Higher)*	sensitive
indépendant(e) *(Higher)*	independent

Relationships and Partnerships

le copain	friend, boyfriend
la copine	friend, girlfriend
le / la partenaire	partner
le couple	couple

seul(e)	*alone*
ensemble	*together*
désirer	*to want, desire*
la communication	*communication*
communiquer	*to communicate, pass on*
la conversation	*conversation*
l'amour (m)	*love*
la confiance	*trust*
supporter	*to tolerate, bear, put up with*
séparer	*to separate*
se séparer	*to break up*
regretter	*to be sorry, regret*
le problème	*problem*
différent(e)	*different*
disputer	*to scold, tell off*
se disputer	*to argue*
célibataire	*single, unmarried*
la femme	*wife*
le mari	*husband*

Higher

le mariage	*marriage, wedding*
marier	*to marry (someone to someone)*
se marier (avec)	*to marry, get married (to)*
le mariage du même sexe	*same-sex marriage*
le PACS	*civil partnership*
égal(e)	*equal*
la société	*society*
la tradition	*tradition*
traditionnel(le)	*traditional*
promettre	*to promise*
le rapport	*relationship*
la relation	*relationship*
le conflit	*conflict*
mentir	*to lie*
tromper	*to cheat, deceive*
critiquer	*to criticise*
la promesse	*promise*
unir	*to unite, join*

Sentence Builder — Your Family

They may be tricky to get on with, but talking about your family is relative-ly easy...

Use the sentence builder to answer this question: **'Parle-moi de ta famille.'**

Example: Ma mère est petite et assez belle. Je m'entends bien avec ma tante parce qu'elle est toujours gentille. Mon lien avec mon beau-père est fort et il me manque.

Ma mère *My mother*	est *is*	petit(e) *small*	et assez *and quite*	beau / belle. *beautiful.*
Mon père *My father*		grand(e) *tall*	et vraiment *and really*	intelligent(e). *intelligent.*
Mon frère *My brother*	était *was*	sympa *friendly*	et très *and very*	bavard(e). *chatty.*
		travailleur / travailleuse *hard-working*		calme. *quiet.*

Je m'entends bien avec *I get on well with*	ma sœur *my sister*		souvent *often*	agréable. *nice.*
	ma tante *my aunt*	parce qu'elle est *because she is*	toujours *always*	gentille. *kind.*
Je respecte *I respect*	ma cousine *my cousin*		parfois *sometimes*	très drôle. *very funny.*
				sérieuse. *responsible.*

Higher

Mon rapport avec *My relationship with*	mon beau-père *my step-father*	est *is*	unique *unique*	et il / elle me manque. *and I miss him / her.*
	ma maman *my mum*		fort *strong*	
Mon lien avec *My bond with*	mon vieil oncle *my old uncle*	était *used to be*	spécial *special*	mais nous nous disputons souvent. *but we argue often.*

Hey, no hitting your sibling — unless it's with a punchy joke...
Now have a go at making some of your own sentences — if you find yourself stuck for vocab, have another look through this section for inspiration. Bonne chance!

Section Two — Identity & Relationships with Others

Healthy Living and Lifestyle

Food

la nourriture	food
manger	to eat
le produit	product
la faim	hunger
le pain	bread
le poisson	fish
la viande	meat
le légume	vegetable
le fruit	fruit
le fromage	cheese
les frites (f)	chips
la glace	ice cream, ice
le fast-food	fast food
boire	to drink
la boisson	drink, beverage
la soif	thirst
l'eau (f)	water
le café	coffee, café
le thé	tea
le lait	milk
le vin	wine
le goût	taste, flavour
le repas	meal
le petit-déjeuner	breakfast
le déjeuner	lunch
le dîner	dinner
l'entrée (f)	starter
l'énergie (f)	energy
frais / fraîche	fresh
équilibré(e)	balanced
végan(e)	vegan
végétarien(ne)	vegetarian
préparer	to prepare
couper	to cut
recommander	to recommend
la recette	recipe
la cuisine	cooking, kitchen

Higher

le poulet	chicken
sentir	to smell
contenir	to contain, include
le contenu	contents
nourrir	to feed
le plat	dish
le verre	glass
le couteau	knife
le régime	diet

Healthy and Unhealthy Living — Habits and Lifestyle

la santé	health
sain(e)	healthy
bon(ne)	good
mauvais(e)	bad
rester	to stay, remain
coucher	to put (someone) to bed

se coucher	to go to bed, lie down, sleep
dormir	to sleep
lever	to lift, raise
se lever	to get up, stand up
tôt	early
le lit	bed
se relaxer	to relax
fatigué(e)	tired
l'habitude (f)	habit
la fois	time (occasion)
la drogue	drug(s)
l'alcool (m)	alcohol
fumer	to smoke
la cigarette	cigarette
vapoter	to vape
la menace	threat
le danger	danger
dangereux / dangereuse	dangerous
tuer	to kill
la cause	cause
essayer (de)	to try, attempt (to)
éviter (de)	to avoid (doing something)
arrêter (de)	to stop (doing something)
difficile	difficult
le souci	worry, concern
l'inquiétude (f)	worry, anxiety
inquiétant(e)	worrying, disturbing

Higher

le tabac	tobacco
se reposer	to rest
prévenir	to let know, warn
empêcher (de)	to prevent (someone from)
risquer (de)	to risk (doing something)
le risque	risk
refuser (de)	to refuse (to)
causer	to cause
dépendre (de)	to depend (on)
persuader (de)	to persuade (to)

Healthy and Unhealthy Living — Sport and Exercise

l'exercice (m)	exercise
le sport	sport
sportif / sportive	athletic, sporty, competitive, sporting
jouer (à un sport)	to play (a sport)
le foot(ball)	football
courir	to run
marcher	to walk
la promenade	walk
danser	to dance
faire (de)	to do, play
la natation	swimming
l'activité (f)	activity
actif / active	active, energetic

l'effort (m)	effort
la forme	form, shape
peser	to weigh
la vie	life
fort(e)	strong
faible	weak
l'équipe (f)	team

Higher
garder	to keep, take care of, look after
bouger	to move
nager	to swim
l'esprit (m)	mind, spirit
mener	to lead

Illnesses and Treatments

la maladie	illness
malade	ill
tomber	to fall
le mal	ache
l'accident (m)	accident
grave	serious, grave
la mort	death
mourir	to die
(être) mort(e)	(to have) died
mort(e)	dead
la tête	head
les yeux (m)	eyes
l'oreille (f)	ear
la bouche	mouth
la langue	tongue
le corps	body
le cœur	heart
le dos	back
le bras	arm
la main	hand
la jambe	leg
le pied	foot
l'urgence (f)	emergency
médical(e)	medical
l'hôpital (m)	hospital
le soin	care
le / la médecin	doctor
l'expert(e)	expert
le rendez-vous	appointment
le médicament	medicine, drug
prendre	to take
la science	science
améliorer	to improve
l'incident (m)	incident
se blesser	to hurt oneself, injure oneself
se casser	to break (a body part)
se sentir	to feel

Higher
lutter	to fight, struggle
l'attaque (f)	attack
la bataille	battle
souffrir	to suffer
conscient(e)	conscious, aware
vivant(e)	alive, living
l'œil (m)	eye
la peau	skin
le sang	blood

Section Three — Healthy Living and Lifestyle

Higher
les hôpitaux (m)	*hospitals*
l'attente (f)	*wait*
le traitement	*treatment*
bénéficier de	*to get, receive, benefit from*
gérer	*to manage, handle, deal with*
le conseil	*advice, counsel, council*

Higher
conseiller (à... de)	*to advise, recommend (someone to do something)*
sauver	*to save, rescue*
efficace	*efficient, effective*
le soutien	*support*
l'étude (f)	*study*

Sentence Builder — Health

They say that health is wealth, but I say feta is better. OK, time to talk health.

Answer this question: **'Qu'est-ce que tu fais pour rester en bonne santé ?'**

Example: Si j'ai faim, je mange un repas équilibré car c'est bon pour la santé. Je ne fume pas car c'est une mauvaise habitude et ça peut être dangereux. Quand je me suis blessé, je suis allé à l'hôpital pour recevoir un traitement.

Si j'ai faim, je prépare *If I'm hungry, I prepare*	un repas équilibré *a balanced meal*	parce que *because*	c'est bon pour la santé. *it's good for my health.*
Si j'ai faim, je mange *If I'm hungry, I eat*	de la nourriture saine *healthy food* des légumes frais *fresh vegetables*	car *because*	je n'aime pas le fast-food. *I don't like fast food.* ça me donne de l'énergie. *it gives me energy.*
	[H] un plat végétarien *a vegetarian dish*		

Je ne bois pas d'alcool *I don't drink alcohol*	parce que *because*	c'est une mauvaise habitude *it's a bad habit*	être dangereux. *be dangerous.* vous tuer. *kill you.*
Je ne fume pas *I don't smoke*			et ça peut *and it can*
Je ne prends pas de drogue *I don't take drugs*	car *because*	c'est très cher *it's very expensive*	[Higher] représenter une menace pour la santé. *pose a threat to your health.*

[Higher]

Quand je me suis blessé(e), *When I hurt myself,*	je suis allé(e) à l'hôpital *I went to the hospital*	pour *in order to*	recevoir un traitement. *receive treatment.* bénéficier des conseils. *receive advice.*
Quand je me suis cassé le bras, *When I broke my arm,*	je suis allé(e) chez le médecin *I went to the doctor's*		obtenir des médicaments. *get medication.*
Quand je me sentais malade, *When I felt ill,*	j'ai pris rendez-vous *I made an appointment*		prendre soin de ma santé. *look after my health.*

I used to think that chips were bad for my health...
...so I stopped thinking. Next, write about exercise. How do you keep fit? Why?

Section Four

Education

School Subjects

la matière	subject
l'anglais (m)	English
les mathématiques (f), les maths (f)	maths
les sciences (f)	science
la physique	physics
l'informatique (f)	computer science, computing
la technologie	technology
l'histoire (f)	history
la géographie	geography
la religion	religion
les langues modernes (f)	modern languages
le français	French
l'espagnol (m)	Spanish
l'allemand (m)	German
le théâtre	drama
la musique	music
le sujet	subject, topic
l'art (m)	art

H [le sujet, l'art]

School Life — Going to School

l'école (f)	school
le collège	secondary school
le lycée	college, sixth form
l'éducation (f)	education
scolaire	school (adj.)
étudier	to study
l'élève (m/f)	pupil, student
l'étudiant(e)	student
l'ami(e)	friend
jeune	young
l'ado (m/f), l'adolescent(e)	teenager, adolescent
travailler	to work
la quatrième	Year 9
la seconde	Year 11
la première	Year 12
le cours	course, lessons
la leçon	lesson
la classe	class
la récré(ation)	breaktime
septembre	September
la journée	day
la semaine	week
l'année (f)	year
les vacances (f)	holidays
le voyage	journey
commencer (à)	to start, begin (to)
arriver (à)	to arrive (at), manage (to), succeed (in)
quitter	to leave (somewhere), take off (clothes)

se quitter	to leave each other	la réponse	reply, response, answer
durer	to last	écrire	to write
la fois	time (occasion)	la tâche	task, chore
continuer	to continue, carry on	les devoirs (m)	homework
laver	to wash (something)	l'intérêt (m)	interest
		le thème	theme, topic
se laver	to get washed	la communication	communication
rentrer	to go in, come in, come back (in), go back (in)	l'information (f)	information
		lire	to read
		la lecture	reading

Higher

assister (à)	to attend	le livre	book
l'étude (f)	study	le roman	novel
le retard	delay	le texte	text
la troisième	Year 10	l'histoire (f)	story
la rentrée	reopening, return to school	l'exercice (m)	written exercise
		le niveau	level
la diversité	diversity	la compétence	competence, skill
divers(e)	varied, diverse		
		capable	able, capable

School Life — In Class

l'enseignement (m)	education, teaching	imaginer	to imagine, invent
le / la prof(esseur)	teacher	encourager (à)	to encourage (to)
savoir	to know (how to), can	comprendre	to understand
		lever	to lift, raise
connaître	to know (a person)	utile	useful
		inutile	useless
apprendre (à)	to learn (to), teach (someone)	passionnant(e)	exciting, thrilling
		difficile	difficult
expliquer	to explain	dur(e)	hard (adj.)
demander	to ask	dur	hard (adv.)
se demander	to wonder	facile	easy

simple	*simple*
pratique	*practical*
idéal(e)	*ideal*
discuter	*to discuss*
la discussion	*discussion*
conscient(e)	*conscious, aware*
se lever	*to get up, stand up*

Higher:
la connaissance	*knowledge*
l'explication (f)	*explanation*
l'instruction (f)	*instruction*
distribuer	*to hand out, give out*
le chapitre	*chapter*
le poème	*poem*
la scène	*scene*
pratiquer	*to practise*
enseigner (à)	*to teach*
l'objectif (m)	*objective*
réaliser	*to achieve, realise*
mériter (de)	*to deserve (to), have earned*
inspirer	*to inspire*
la passion	*passion*
s'asseoir	*to sit down*

School Life — Facilities and Equipment

l'espace (f)	*space*
la salle	*room*
la bibliothèque	*library*
la cour	*courtyard, playground*
les toilettes (f)	*toilets*
la piscine	*swimming pool*
l'autobus (m) / le bus	*bus*
l'équipement (m)	*equipment*
le sac	*bag*
le dictionnaire	*dictionary*
le tableau	*board, picture, painting*
l'écran (m)	*screen*
le mail / l'e-mail (m)	*email*
la lettre	*letter*
le stylo	*pen*
la règle	*ruler*
le cahier	*exercise book*
prêter	*to lend*
emprunter (à)	*to borrow (from)*
ranger	*to tidy, put away*
le club	*club*
le football	*football*
l'activité (f)	*activity*
l'équipe (f)	*team*
organiser	*to organise*
s'organiser	*to get organised*

Higher:
la feuille	*sheet*
la scène	*stage*
bénéficier de	*to benefit from, receive*
la poche	*pocket*

School Pressures and Difficulties — Exams

l'examen (m)	exam
examiner	to examine
le / la candidat(e)	candidate
le bac(calauréat)	high school final exam
réussir (à)	to succeed (in), pass
le succès	success
préparer	to prepare
se préparer	to get ready
corriger	to correct, mark
le résultat	result, follow-up
la note	mark, grade
améliorer	to improve
célébrer	to celebrate
gagner	to win, earn, gain
l'effort (m)	effort
l'erreur (f)	mistake, error
la faute	mistake, error, fault
nul(le)	rubbish
faible	weak
fort(e)	strong
le courage	courage
le but	goal, aim, objective, purpose
le défi	challenge
accepter	to accept, admit
la chance	luck
répéter	to repeat
intelligent(e)	intelligent
sérieux	conscientious, responsible
essayer (de)	to try, attempt (to)
l'essai (m)	attempt, try, test

Higher

le contrôle	test, check, inspection
l'échec (m)	failure
se tromper	to make a mistake
obtenir	to get, obtain

School Pressures and Difficulties — Rules and Behaviour

devoir	to have to, must
attendre	to expect, wait (for)
la règle	rule
interdire (à)	to forbid, ban
interdit(e)	prohibited, banned
l'uniforme (m)	uniform
porter	to wear, carry
le vêtement	item of clothing
le pantalon	trousers
se changer	to get changed
la mode	fashion
frapper	to hit, knock
terrible	terrible, dreadful

affreux / affreuse	*dreadful, awful, horrible*
strict(e)	*strict*
ennuyeux / ennuyeuse	*boring*
travailleur / travailleuse	*hard-working*
paresseux / paresseuse	*lazy*
méchant(e)	*nasty, naughty*
concentrer	*to concentrate*
la confiance	*confidence, trust*
l'égalité (f)	*equality*
égal(e)	*equal*
l'indépendance (f)	*independence*
aider	*to help*
l'aide (f)	*help*
le souci	*worry, concern*
inquiéter	*to bother, disturb*
s'inquiéter (de)	*to be worried (about)*

Higher

l'inquiétude (f)	*worry, anxiety*
inquiet / inquiète	*worried*
le comportement	*behaviour*
le règlement	*rules, regulation*
permettre (à...de)	*to allow (someone to do something)*
(avoir) permis	*(have) allowed*
harceler	*to bully, harass*
obliger	*to require, force, oblige*
abandonner	*to abandon, give up*
l'absence (f)	*absence*
le silence	*silence*
la responsabilité	*responsibility*
responsable	*responsible*
respecter	*to respect*
le respect	*respect*
indépendant(e)	*independent*
le soutien	*support*

Sentence Builder — Your School

Ah, school. Everyone's favourite place. Luckily for you, it's time to talk about it...

Use the sentence builder to answer this question: **'Décris ton école.'**

Example: Dans mon collège, il y a beaucoup d'activités qui m'aident à apprendre de nouvelles compétences. Il y a aussi une cour et nous l'utilisons en fin de journée. Cependant, je déteste la rentrée car les profs sont trop stricts.

Dans mon collège, *In my secondary school,*	il y a beaucoup de / d' *there are a lot of*	activités *activities*	qui m'aident à *who / that help me*	apprendre de nouvelles compétences. *learn new skills.*
Dans mon lycée, *In my college,*		profs *teachers*		trouver plus d'informations. *find more information.*
Dans mon école, *In my school,*	on a des *we have*	clubs *clubs*		

Il y a aussi *There is also*	une piscine *a swimming pool*	et nous l'utilisons *and we use it*		souvent. *often.*
Ils ont également construit *They have also built*	une cour *a playground*	**Higher** { et nous nous y relaxons *and we relax there* et nous y passons du temps *and we spend time there*		tout le temps. *all the time.* en fin de journée. *at the end of the day.*
	une bibliothèque *a library*			

Higher {

Cependant, je déteste *However, I hate*	la rentrée *the return to school*	parce que *because*	les profs *the teachers*	sont trop stricts. *are too strict.* créent trop de règlements. *make too many rules.*
Cependant, je n'aime pas *However, I don't like*	la seconde *Year 11* mes études *my studies*	car *because*	les directeurs *the headteachers*	nous donnent trop de contrôles. *give us too many tests.*

Oof, those sentences were absolutely class...

If you really want to raise the level, try talking about your school using the past tense or the conditional. Has it changed at all? How would you like it to change?

Future Study and Work

Education Post-16 — Next Steps

le lycée	college, sixth form
le bac(calauréat)	high school final exam (like A-levels)
la note	mark, grade
le résultat	result, follow-up
la première	year 12
le stage	work experience
l'apprentissage (m)	apprenticeship
progresser	to progress
le progrès	progress
le chemin	way, path
l'occasion (f)	chance, opportunity
le projet	plan
choisir	to choose
le choix	choice
décider (de)	to decide (to)
se décider (à)	to make the decision (to)
rêver (à / de)	to dream (of / about)
le rêve	dream
prêt(e)	ready

Higher:

la formation	training
conseiller (à... de)	to advise, recommend (someone to do something)
le conseil	advice, counsel, council
réfléchir (à)	to reflect (on), think (about)
réaliser	to achieve
l'objectif (m)	objective
la recherche	research, search
l'industrie (f)	industry
l'enquête (f)	survey, investigation

Education Post-16 — University

l'avenir (m)	future
le futur	future
l'université (f)	university
étudier	to study
l'étudiant(e)	student
l'éducation (f)	education
l'expérience (f)	experience
l'indépendance (f)	independence
la carrière	career
commencer (à)	to start, begin (to)
finir	to end, finish
terminer	to end, finish

le concours	entrance exam, competition
réussir (à)	to pass, succeed (in)
le rendez-vous	appointment
l'entretien (m)	interview, maintenance

Higher:

l'étape (f)	stage, step
l'établissement (m)	establishment, organisation
sabbatique (adj.)	sabbatical
l'année sabbatique (f)	gap year
indépendant(e)	independent
le champ	field, realm
inscrire	to write down
s'inscrire à	to join, enrol in
admettre	to admit
la concurrence	competition (rivalry)
la durée	length, duration
la condition	condition

Career Choices and Ambitions — At Work

l'adulte (m/f)	adult
travailler	to work
le travail	work, job, task
employer	to employ, use
l'employé(e)	employee, worker
l'emploi (m)	job
le métier	job, occupation
le boulot	work, job
les affaires (f)	business, matters
l'entreprise (f)	company
l'organisation (f)	organisation
la firme	firm
le / la collègue	colleague
le salaire	salary, wage
le / la client(e)	customer, client
la réunion	meeting
l'uniforme (m)	uniform
la grève	strike
l'argent (m)	money
riche	rich
le bureau	desk, office
vendre	to sell
le chômage	unemployment
fabriquer	to manufacture, produce, make
traduire	to translate
servir	to serve

Higher:

le rôle	role
l'échelle (f)	ladder, scale
le service	service
le commerce	trade, commerce
l'économie (f)	economy
inventer	to invent, make up
la loi	law
l'appel (m)	call
la coopération	cooperation
nettoyer	to clean

le développement	development	
technique (adj.)	technical	

Career Choices and Ambitions — Jobs

le chef	boss, cook
le / la patron(ne)	boss
le directeur / la directrice	headteacher, manager
le / la prof(esseur)	teacher
le / la secrétaire	secretary
le facteur / la factrice	postman / postwoman
le policier / la policière	police officer
le / la journaliste	journalist
l'écrivain(e)	writer
l'auteur(e)	author
l'artiste (m/f)	artist
le / la médecin	doctor
l'aidant(e)	carer
le / la propriétaire	owner
l'acteur / l'actrice	actor
le chanteur / la chanteuse	singer
l'influenceur / l'influenceuse	influencer
le serveur / la serveuse	waiter, waitress, server
le / la scientifique	scientist
l'expert(e)	expert
le / la bénévole	volunteer
le / la président(e)	president
le gouvernement	government
la politique	politics
la poste	post office
la banque	bank
la boulangerie	bakery
l'usine (f)	factory
construire	to build, construct
la construction	construction, building

Higher:

la cheffe	boss, cook
le leader	leader
l'avocat(e)	lawyer
le / la soldat(e)	soldier
le chercheur / la chercheuse	researcher
le / la ministre	minister
professionnel(le)	professional
la direction	management, direction
la réception	reception
la police	police
le parlement	parliament

Sentence Builder — Your Future

Time to unveil your future plans... No, I don't mean what you're having for tea.

> Have a go at answering this question: **'Qu'est-ce que tu veux faire à l'avenir ?'**

Example: À l'avenir, je voudrais être médecin. Par contre, d'abord je veux être bénévole pour voyager. Je viens de finir mes études, donc cet été je travaillerai.

À l'avenir, *In the future,*	c'est mon rêve de / d' *it's my dream*		devenir *to become*	journaliste. *a journalist.*
Après le collège, *After school,*	je voudrais *I would like*		être *to be*	médecin. *a doctor.*
Après le lycée, *After college,*	[H] j'aimerais *I would like*			artiste. *an artist.*
				[H] avocat(e). *a lawyer.*

Cependant, d'abord *However, first of all*	je veux *I want*	être bénévole *to be a volunteer*	pour *in order to*	voyager. *travel.*
Par contre, d'abord *On the other hand, firstly*	j'ai l'intention de / d' *I intend*	[Higher] prendre une année sabbatique *to take a gap year*		rencontrer des gens. *meet people.*
	[H] je souhaite *I wish*			découvrir le monde. *discover the world.*

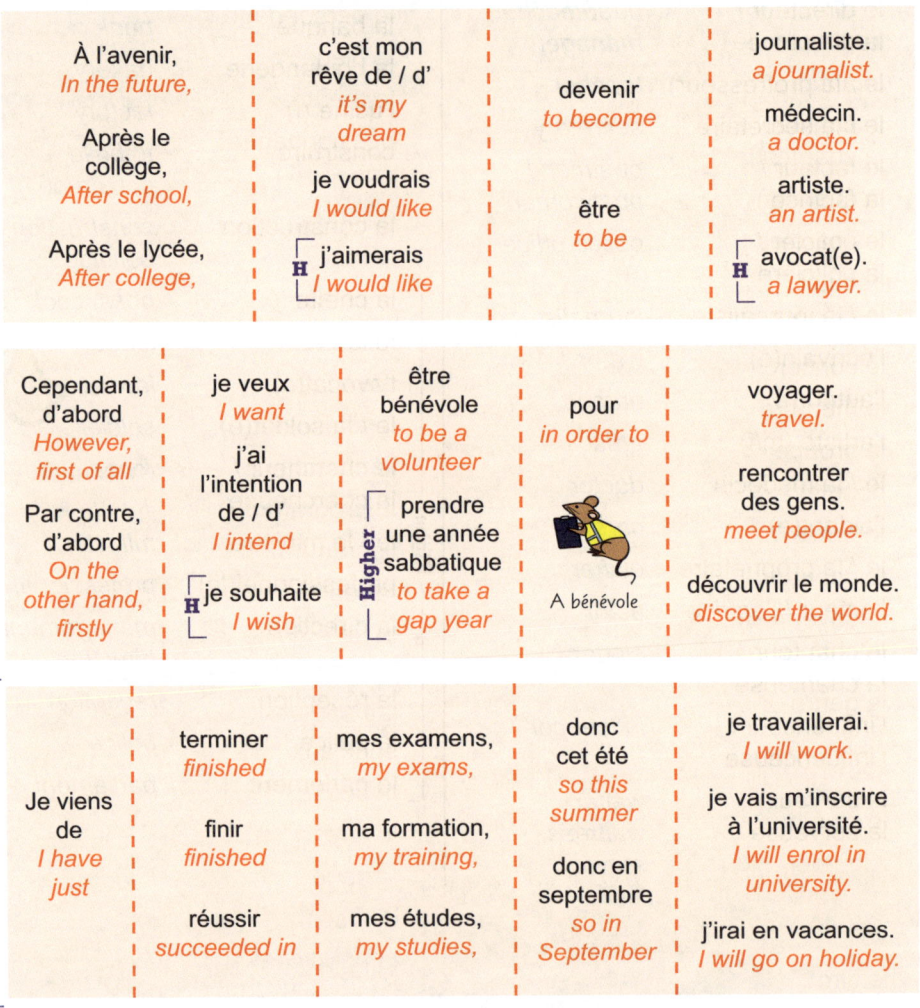
A bénévole

[Higher] Je viens de *I have just*	terminer *finished*	mes examens, *my exams,*	donc cet été *so this summer*	je travaillerai. *I will work.*
	finir *finished*	ma formation, *my training,*	donc en septembre *so in September*	je vais m'inscrire à l'université. *I will enrol in university.*
	réussir *succeeded in*	mes études, *my studies,*		j'irai en vacances. *I will go on holiday.*

> **My French teacher told me the future was simple...**
> Add a mixture of tenses to your sentences — it'll make them sound more complex.

Section Six

Free-time Activities

Music

la musique	music
jouer (de)	to play (an instrument)
l'instrument (m)	instrument
apprendre (à)	to learn (to)
chanter	to sing
le chanteur / la chanteuse	singer
la chanson	song
les paroles (f)	lyrics
écouter	to listen (to)
la radio	radio
le concert	concert
le membre	member
le groupe	group
populaire	popular
Internet (m)	internet
télécharger	to download
essayer (de)	to try, attempt
le rythme [H]	rhythm, rate
le genre [H]	type, kind, sort

Cinema, Theatre and TV

le cinéma	cinema
regarder	to watch, look at
voir	to see
le film	film
le billet	ticket
le film d'action	action film
l'histoire d'amour (f)	romance
l'action (f)	action
l'acteur / l'actrice	actor / actress
le personnage	character
la pièce	play
le théâtre	theatre, drama
passionnant(e)	exciting, thrilling
célèbre	famous
la star	star, celebrity
la célébrité	celebrity
montrer	to show
rire	to laugh
la télé(vision)	television, TV
l'émission (f)	TV programme
le programme	schedule
l'écran (m)	screen
la réalité	reality
la télé-réalité	reality TV
l'effet (m)	effect
les effets spéciaux (m)	special effects
la scène [Higher]	stage, scene
le titre [Higher]	title
la série [Higher]	series
diffuser [Higher]	to broadcast
la pub(licité) [Higher]	advert

Sport

faire	*to do (a sport)*
le sport	*sport*
l'exercice (m)	*physical exercise*
la santé	*health*
actif / active	*active, energetic*
sportif / sportive	*athletic, competitive, sporty, sporting*
lancer	*to throw, launch*
le vélo	*bike, bicycle*
la natation	*swimming*
marcher	*to walk*
la promenade	*walk*
courir	*to run*
danser	*to dance*
monter	*to climb, go up*
participer (à)	*to take part (in), participate (in)*
la participation	*participation*
le centre	*centre*
le centre sportif	*sports centre*
la piscine	*swimming pool*
la course	*race*
le Tour de France	*the Tour de France*
le foot(ball)	*football, soccer*
le match	*match*
la partie	*game, match, part*
l'événement (m)	*event*
le concours	*competition*
le jeu	*game*
l'équipe (f)	*team*
le stade	*stadium, stage*
gagner	*to win, earn, gain*
perdre	*to lose*
dangereux / dangereuse	*dangerous*

Higher

nager	*to swim*
pratiquer	*to do, play, practise*
le terrain	*ground, terrain*
le terrain de sport	*sports field*
régulièrement	*regularly*
la concurrence	*competition (rivalry)*
la vitesse	*speed*
blesser	*to hurt, injure*
se blesser	*to hurt oneself, injure oneself*

Going Out

sortir	*to go out, exit, take out, release*
libre	*free*
le temps	*time, weather*
le temps libre	*free time*
le shopping	*shopping*
commercial(e)	*commercial, shopping (adj.)*
le centre commercial	*shopping centre*
la course	*shopping*

les courses (f)	food shopping	le consommateur / la consommatrice	consumer, customer
la mode	fashion	l'achat (m)	purchase
acheter	to buy	l'addition (f)	bill
aller	to go	le plat	dish
visiter	to visit	commander	to order
coûter	to cost	l'ouverture (f)	opening
payer	to pay (for)		
le prix	price		

Higher (bracket for le consommateur through l'ouverture)

Other Hobbies

se diriger	to make one's way
voir	to see
le parc	park
le soleil	sun
la fête	party, festival
le festival	festival
manger	to eat
la nourriture	food
le restaurant	restaurant
la cuisine	cooking
le repas	meal
le dîner	dinner
l'entrée (f)	starter
la carte	menu
le serveur / la serveuse	waiter, waitress, server
le garçon	waiter (old-fashioned)
la table	table
emporter	to take with, take away
réserver	to reserve, book, keep
ouvert(e)	open

le passe-temps	hobby
l'intérêt (m)	interest
intéresser	to interest
s'intéresser (à)	to be interested in
le jeu vidéo	video game
l'activité (f)	activity
lire	to read
le livre	book
la lecture	reading
le roman	novel
se relaxer	to relax
la photo	photo
l'ordinateur (m)	computer
l'ami(e)	friend
le copain	friend, boyfriend
la copine	friend, girlfriend
la passion	passion
le chapitre	chapter
dessiner	to draw

Higher (bracket for la passion, le chapitre, dessiner)

Section Six — Free-time Activities

Sentence Builder — Your Hobbies

With such a busy social life, talking about it all should be a walk in the park...

Answer this question: **'Qu'est-ce que tu aimes faire pendant ton temps libre ?'**

Example: Je trouve que lire est plus amusant que regarder la télé. Je déteste aller à des matchs de foot; je préfère courir dans le parc. Quand j'étais jeune, je jouais dans un groupe de musique avec mes copains presque tous les jours.

À mon avis, *In my opinion,*	aller au cinéma *going to the cinema*	est plus *is more*	amusant *enjoyable*		regarder la télé. *watching TV.*
Selon moi, *According to me,*	faire du shopping *shopping*	est moins *is less*	intéressant *interesting*	que *than / as*	faire de la natation. *going swimming.*
Je trouve que / qu' *I find that*	lire *reading*	est aussi *is as*	passionnant *exciting*		jouer aux jeux vidéo. *playing video games.*

Je déteste *I hate* Je n'aime pas *I don't like*	aller à des matchs de foot; *going to football matches;* aller voir des pièces de théâtre; *going to watch plays;* regarder des événements sportifs; *watching sports competitions;*	je préfère *I prefer* j'aime *I like*	courir dans le parc. *running in the park.* écouter de la musique. *listening to music.* aller à un festival. *going to a festival.*

Higher

Quand j'étais jeune, *When I was young,* Quand j'avais dix ans, *When I was ten,*	je jouais dans un groupe de musique *I used to play in a music group* je chantais *I used to sing* je faisais du vélo *I used to cycle*	avec mes copains / copines *with my friends* avec mon ami(e) *with my friend*	deux fois par mois. *twice a month.* chaque semaine. *every week.* presque tous les jours. *almost every day.*

My hobby is stand-up comedy — it's fun but my legs get tired...
Now try writing about what your friends and family like to do. It's not *all* about you...

Section Six — Free-time Activities

Section Seven
Customs, Festivals and Celebrations

Celebrations

célébrer	to celebrate
la fête	party, festival
l'événement (m)	event
l'anniversaire (m)	birthday
le cadeau	present, gift
le gâteau	cake
la fleur	flower
félicitations	congratulations
inviter	to invite
la surprise	surprise
surprendre	to surprise
familial(e)	family (adj.)
donner	to give
recevoir	to receive
ouvrir	to open
acheter	to buy
envoyer	to send
venir	to come
partager	to share
passer	to spend time, pass
se passer	to happen
crier	to shout, scream, cry out

Higher
apprécier	to appreciate, like
profiter de	to make the most of

Higher
offrir (à)	to give (someone), offer (someone)
féliciter	to congratulate
le bonheur	happiness
la joie	joy

Customs and Festivals — Religion and Identity

religieux / religieuse	religious
la religion	religion
croire	to believe
chrétien(ne)	Christian
musulman(e)	Muslim
juif / juive	Jewish
bouddhiste	Buddhist
Noël (m)	Christmas
Pâques (m)	Easter
l'Aïd (m)	Eid
l'église (f)	church
la mosquée	mosque
la synagogue	synagogue
le temple	temple
le pays	country
la région	region, area
français(e)	French
britannique	British
européen(ne)	European
canadien(ne)	Canadian

américain(e)	American	international(e)	international
la foi	faith	rappeler (à)	to remind (someone)
le dieu	god		
catholique	Catholic	se rappeler	to remember
prier	to pray	francophone	French-speaking
africain(e)	African		
marocain(e)	Moroccan	unir	to unite, join
québécois(e)	from Quebec	la diversité	diversity
belge	Belgian	l'humanité (f)	humanity
occidental(e)	western	le roi	king

(Higher) — applies to: la foi, le dieu, catholique, prier, africain(e), marocain(e), québécois(e), belge, occidental(e); and rappeler (à), se rappeler, francophone, unir, la diversité, l'humanité, le roi

Customs and Festivals — Traditions

férié(e)	public holiday (adj.)
la tradition	tradition
traditionnel(le)	traditional
historique	historic
la culture	culture
culturel(le)	cultural
spécial(e)	special
le festival	festival
les vacances (f)	holiday(s)
la date	date
l'an (m)	year
l'année (f)	year
la société	society
la Fête Nationale	Bastille Day (French national holiday)
la Saint-Valentin	Valentine's Day
local(e)	local
national(e)	national

Customs and Festivals — Entertainment

le feu	fire
le feu d'artifice	firework display
la lumière	light
le défilé	parade, procession
la musique	music
danser	to dance
le concert	concert
la chanson	song
chanter	to sing
le spectacle	sight, show
regarder	to watch, look at
voir	to see
le bruit	noise
porter	to wear, carry
participer (à)	to take part (in)
la participation	participation
le repas	meal
la cuisine	cooking
le vin	wine

fou / folle	*crazy*		brûler	*to burn, be on fire*
l'expérience (f)	*experience*			
l'intérêt (m)	*interest*	**Higher**	vif / vive	*lively*
préparer	*to prepare, get ready*		joyeux / joyeuse	*merry, joyful, happy*
organiser	*to organise*		assister à	*to attend*
s'organiser	*to get organised*		le plat	*dish*
découvrir	*to discover*			
prendre	*to take*			

Section Seven — Customs, Festivals and Celebrations

Sentence Builder — Festivals

Try describing your fave celebrations — mine are any that involve eating...

> Have a go at answering this question: **'Décris ta fête préférée.'**

Example: Parfois, je célèbre l'Aïd chez mes amis. Souvent, nous mangeons ensemble et suivons les traditions culturelles de cette journée spéciale. Quand j'avais neuf ans, j'adorais ce festival car on l'a célébré en distribuant des cadeaux.

Chaque année, je célèbre *Every year, I celebrate*	Pâques *Easter*	avec *with*	mes parents. *my parents.*
Parfois, je célèbre *Sometimes, I celebrate*	Noël *Christmas*	chez *at the house of*	mon copain. *my boyfriend.*
	la Saint-Valentin *Valentine's Day*		ma copine. *my girlfriend.*
Quelques années, je célèbre *Some years, I celebrate*	l'Aïd *Eid*		mes amis. *my friends.*

Normalement, *Normally,*	nous mangeons ensemble *we eat together*	et suivons les traditions culturelles *and follow the cultural traditions*	de cette journée spéciale. *of this special day.*
	nous écoutons de la musique *we listen to music*		
Souvent, *Often,*	nous allons à l'église / la mosquée *we go to church / the mosque*	pour participer aux traditions *to take part in the traditions*	de cette journée importante. *of this important day.*

Higher

Quand j'étais jeune, *When I was young,*	j'adorais ce festival *I loved this festival*	parce qu' *because*	on l'a célébré *we celebrated it*	en partageant des plats spéciaux. *by sharing special dishes.*
				en distribuant des cadeaux. *by giving out gifts.*
Quand j'avais neuf ans, *When I was nine,*	j'appréciais ce festival *I appreciated this festival*	car *because*	on y a participé *we took part in it*	en chantant et dansant. *by singing and dancing.*
				en regardant un défilé. *by watching a parade.*

> **I never share my special dishes — they always get broken...**
> Next, have a go at describing some more personal family traditions in French.

Section Seven — Customs, Festivals and Celebrations

Section Eight

Celebrity Culture

Favourite Celebrities

célèbre	famous
la célébrité	celebrity
la star	star, celebrity
le personnage	character, individual, person
la personnalité	personality
l'identité (f)	identity
la génération	generation
suivre	to follow
l'auteur(e)	author
l'influenceur / l'influenceuse	influencer
l'acteur / l'actrice	actor
le chanteur / la chanteuse	singer
chanter	to sing
la chanson	song
la musique	music
les paroles (f)	lyrics
écouter	to listen to
voir	to see
regarder	to watch
le concert	concert
le spectacle	show, sight
le tour	tour, turn
le groupe	group
le sport	sport
l'équipe (f)	team
jouer (à un sport)	to play (a sport)
la politique	politics
la mode	fashion, way
le style	style
porter	to wear, carry
le rôle	role
le héros / l'héroïne	hero
la voix	voice
la série	series
la scène	stage, scene
la tournée	tour, round

Higher

présenter (à)	to present, show, introduce someone (to someone else)
représenter	to represent
diriger	to direct, guide
se diriger	to make one's way
inspirer	to inspire
s'inspirer (de)	to be inspired (by)
respecter	to respect

Celebrity Life — Career and Lifestyle

la carrière	career
les médias (m)	media
Internet (m)	internet
la vidéo	video
la photo	photo

le selfie	selfie
la télé(vision)	TV, television
la réalité	reality
l'émission (f)	TV programme
le cinéma	cinema
le film	film
le journal	newspaper
les journaux (m)	newspapers
l'article (m)	article
l'influence (f)	influence
la société	society
culturel(le)	cultural
le mariage	marriage, wedding
riche	rich
l'argent (m)	money
local(e)	local
national(e)	national
international(e)	international
voyager	to travel

Higher

le / la porte-parole	spokesperson
le public	public, audience
la presse	the press
l'établissement (m)	establishment
la marque	brand, mark
l'image (f)	picture, image
la richesse	wealth
puissant(e)	powerful
principal(e)	main
réel(le)	real

Celebrity Life — Positives and Negatives

positif / positive	positive
spécial(e)	special
populaire	popular
extraordinaire	extraordinary
fier / fière	proud
le succès	success
le prix	prize, price
l'occasion (f)	opportunity
la sécurité	safety
négatif / négative	negative
l'inquiétude (f)	worry, anxiety
public / publique	public (adj.)
l'annonce (f)	announcement
bénéficier (de)	to benefit (from)
reconnaître	to recognise
l'ouverture (f)	opening
unique	unique
la victime	victim

Higher

le scandale	scandal, uproar
secret / secrète	secret (adj.)
la honte	shame
la critique	criticism, critic
critiquer	to criticise
déclarer	to announce, report
annoncer	to announce, make public

Sentence Builder — Celebrities

Got your red carpet ready? Your fifteen minutes of fame will start in three, two, one...

Have a go at answering this question: **'Qui est ta célébrité préférée ?'**

Example: Ma célébrité préférée est une actrice qui a connu beaucoup de succès. Elle m'encourage à suivre mes rêves parce qu'elle travaille dur. En plus, elle travaille avec de marques intéressantes donc le public l'adore.

Ma célébrité préférée *My favourite celebrity*	est *is*	un acteur / une actrice *an actor*	qui *who*	a connu beaucoup de succès. *has had a lot of success.*
Ma star préférée *My favourite celebrity*		un chanteur / une chanteuse *a singer*		a gagné beaucoup de prix. *has won a lot of prizes.*
Ma personnalité préférée *My favourite personality*		un auteur / une auteure *an author*		

Il / Elle m'encourage à *He / She encourages me to*	suivre mes rêves *follow my dreams*	parce qu'il / elle *because he / she*	travaille dur. *works hard.*
	avoir plus confiance en moi *have more confidence in myself*		ne cache pas la réalité de sa carrière. *doesn't hide the reality of his / her career.*
Il / Elle m'aide à *He / She helps me to*	**H** penser autrement *think differently*	car il / elle *because he / she*	partage ses inquiétudes. *shares his / her worries.*

Higher

En plus, *In addition,*	il *he*	travaille avec de marques intéressantes *works with interesting brands*	donc le public l'adore. *so the public loves him / her.*
		donne de l'argent à des organisations locales *gives money to local organisations*	et évite le scandale. *and avoids scandal.*
	elle *she*	fait des tournées internationales *goes on international tours*	et vit simplement. *and lives simply.*

I've got star quality — I'm a big ball of burning gas...
For more practice of negative structures, write about a celebrity you aren't a fan of.

Section Eight — Celebrity Culture

Travel and Tourism

Where to Go

le pays	country
l'Angleterre (f)	England
la Belgique	Belgium
le Canada	Canada
la France	France
le Maroc	Morocco
le Sénégal	Senegal
la Suisse	Switzerland
la région	region, area
le Québec	Quebec
la Réunion	Reunion Island
les Alpes (f)	the Alps
les Pyrénées (f)	the Pyrenees
la Manche	the English Channel
la Méditerranée	the Mediterranean
Paris	Paris
le monde	world
le climat	climate
le temps	weather, time
la pluie	rain
le soleil	sun
chaud(e)	hot, warm
froid(e)	cold
la saison	season
l'hiver (m)	winter
le printemps	spring
l'été (m)	summer
l'automne (m)	autumn

Alp me!

les vacances (f)	holiday(s)
le projet	plan
l'échange (m)	exchange
l'étranger / l'étrangère	foreigner, stranger
étranger / étrangère	foreign
à l'étranger	abroad
la langue	language
national(e)	national
international(e)	international
rêver (à / de)	to dream (about)
aller	to go

Higher

la Tunisie	Tunisia
l'Afrique (f)	Africa
l'Asie (f)	Asia
l'Europe (f)	Europe
la Corse	Corsica
Londres	London
la province	province
francophone	French-speaking
occidental(e)	western
mondial(e)	worldwide, global
global(e)	global
la météo	weather forecast
pratiquer	to practise
annuel(le)	annual, yearly

Accommodation

le logement	*accommodation*
l'hôtel (m)	*hotel*
l'appartement (m)	*apartment, flat*
la place	*room, space*
la chambre	*bedroom*
le camping	*camping*
sale	*dirty*
propre	*clean*
réserver	*to reserve, book*
chercher	*to look for*
organiser	*to organise*
s'organiser	*to get organised*
rester	*to stay, remain*
dormir	*to sleep*
coûter	*to cost*
l'euro (m)	*euro*
la livre	*pound*
cher / chère	*expensive*
complet (m)	*full, complete*
la vue	*view*
la mer	*sea*
le bord	*edge, side*
la côte	*coast*
la plage	*beach*
l'île (f)	*island*
la campagne	*countryside*
la forêt	*forest*
la montagne	*mountain*

Higher
le séjour	*stay*
l'accueil (m)	*welcome, reception*
la réception	*reception*

Higher
le bagage	*luggage, baggage*
la valise	*suitcase*
le chapeau	*hat*
le manteau	*coat*
le coût	*cost*
complète (f)	*full, complete*
la plainte	*moan, complaint*
l'étage (m)	*floor (of a building)*
le sol	*floor, ground*
le paysage	*landscape, scenery*

Travel

le transport	*transportation*
l'avion (m)	*aeroplane*
le vol	*flight*
voler	*to fly*
la voiture	*car*
le bateau	*boat, ship*
le train	*train*
le bus, l'autobus (m)	*bus*
le vélo	*bike, bicycle*
l'aéroport (m)	*airport*
la gare	*(railway) station*
la station	*station*
le billet	*ticket*
voyager	*to travel*
partir	*to leave*
retourner	*to return, go back*

Section Nine — Travel and Tourism

revenir	to come back, return	
arriver	to arrive	
descendre (de)	to go down, drive down, ride down, get off	
où	where	
communiquer	to communicate, pass on	
traverser	to cross	
le voyage	journey, trip	
le départ	departure	
l'arrivée (f)	arrival	
le retour	return	
rapide	fast, quick	
vite	fast, quickly	
le sac	bag, sack	

Higher:

le métro	underground, metro
se rendre	to get to, go to
la durée	duration, length
le ticket	ticket
manquer	to miss, fail to catch
direct(e)	direct
la distance	distance
la vitesse	speed
le retard	delay
autour	around
la direction	direction

What to Do

la capitale	capital city
la ville	town
le centre	centre
le quartier	district, quarter
le bâtiment	building
le château	castle, palace
le marché	market
le magasin	shop
acheter	to buy
l'argent (m)	money
le musée	museum
la piscine	swimming pool
la tour	tower
la carte	map, menu
le restaurant	restaurant
le café	café
le site	site
l'endroit (m)	place, spot
le lieu	place
l'entrée (f)	entrance
entrer	to enter, go in, come in
fermer	to close, shut
historique	historical
nouveau / nouvel / nouvelle	new
beau / bel / belle	beautiful
industriel(le)	industrial
calme	calm, quiet
visiter	to visit

la visite	visit, tour	se situer	to be situated, to take place
la cuisine	cooking		
la glace	ice cream, ice	se trouver	to be situated
la culture	culture	la frontière	border
la nature	nature	le lac	lake
la promenade	walk	la rivière	river
le / la touriste	tourist	la vague	wave
prendre	to take	nager	to swim
la photo	photo	central(e)	central
apprendre	to learn	ancien(ne)	former, ancient
découvrir	to discover	l'addition (f)	bill
la découverte	discovery	commander (à... de)	to order, tell (someone to do something)
passer	to spend (time)		
se passer	to happen	profiter de	to enjoy, make the most of
se relaxer	to relax		
se perdre	to get lost	accompagner	to accompany

Higher bracket covers: la frontière, le lac, la rivière, la vague, nager, central(e), ancien(ne), l'addition, commander, profiter de, accompagner

Sentence Builder — Your Holidays

Crikey, I need a holiday after that. Discuss your holidays whilst I dream of a day off...

Use the sentence builder to answer this question: **'Décris tes vacances.'**

Example: Je suis allé au Sénégal la semaine dernière car il fait toujours beau là-bas. Nous avons réservé un hôtel dans la forêt qui avait une piscine. Cependant, nous avons manqué l'avion, donc le voyage a duré longtemps.

Je suis allé(e) *I went*	en France *to France*	l'année dernière *last year*	parce que *because*	il fait toujours beau là-bas. *the weather is always nice there.*
Ma famille et moi sommes allé(e)s *My family and I went*	au Sénégal *to Senegal* dans les Pyrénées *to the Pyrenees*	la semaine dernière *last week* le mois dernier *last month*	car *because*	les vues sont belles. *the views are beautiful.*

Nous avons passé quelques nuits dans *We spent a few nights in*	un hôtel *a hotel*	au bord de la mer *by the sea*	avec *with*	une piscine. *a swimming pool.*
Nous avons dormi dans *We slept in*	un appartement *a flat*	à la campagne *in the countryside* dans la forêt *in the forest*	qui proposait *which offered*	un restaurant. *a restaurant.* de beaux jardins. *beautiful gardens.*
Nous avons réservé *We booked*	un logement *accommodation*	à la montagne *in the mountains*	qui avait *which had*	

Cependant, *However,*	il y a eu un problème avec *there was a problem with*	l'avion, *the plane,* le bus, *the bus,*	donc *so* et *and*	nous sommes arrivé(e)s à l'hôtel en retard. *we arrived at the hotel late.*
Malheureusement, *Unfortunately,*	nous avons manqué *we missed*	le train, *the train,* le bateau, *the boat,*	alors *so*	le voyage a duré longtemps. *the journey lasted a long time.*

I once stayed in a clock tower — the view was belle...
Nice. Now try to describe your dream holiday, but remember to use the conditional.

Section Nine — Travel and Tourism

Section Ten

Media and Technology

Technology

la technologie	technology
l'appareil (m)	device, apparatus
le portable	mobile phone, laptop
le téléphone	telephone
le numéro	number
l'ordinateur (m)	computer
l'écran (m)	screen
la lumière	light
l'appli(cation) (f)	app(lication)
le mail / l'e-mail (m)	e-mail
le SMS	SMS
le message	message
envoyer	to send
recevoir	to receive
répondre (à)	to answer, reply (to)
enregistrer	to record, save
communiquer	to pass on, communicate
cliquer	to click
écouter	to listen to
l'outil (m)	tool
l'expert(e)	expert
marcher	to work

Higher
allumer	to turn on
recharger	to charge (an appliance)
casser	to break

Higher
l'appel (m)	call
rappeler	to call back
la réception	reception
l'évolution (f)	evolution
numérique	digital
technique	technical
puissant(e)	powerful
la puissance	power
l'objet (m)	object, subject line

The Internet — Going Online

l'Internet (m)	internet
la ligne	line
en ligne	online
le site	site
le blog	blog
le mot	word
sûr(e)	safe, sure
la sécurité	security, safety
protéger	to protect
voler (à...)	to steal (from someone)
le vol	theft
le danger	danger
dangereux / dangereuse	dangerous
la santé	health
l'action (f)	action
prendre	to take

jouer (à)	to play (something)
le jeu	game
facile	easy
rapide	fast, quick
télécharger	to download
découvrir	to discover
voir	to see
regarder	to watch, look at
le streaming	streaming
la télé(vision)	television / TV
l'émission (f)	TV programme
le film	film

Higher
la protection	protection
la victime	victim
le risque	risk
l'attaque (f)	attack
attaquer	to attack
le contenu	contents
la série	series
direct(e)	direct
directement	directly
diffuser	to broadcast, diffuse

The Internet — Online Shopping

le shopping	shopping
commercial(e)	commercial, shopping (adj.)
l'euro (m)	euro
la livre	pound
cher / chère	expensive
gratuit(e)	free (of charge)
acheter	to buy
payer	to pay (for)
vendre	to sell
la vente	sale

Higher
la pub(licité)	advert
la marque	brand, mark
le consommateur / la consommatrice	consumer, customer
renvoyer	to resend, send back
l'établissement (m)	establishment, organisation
l'achat (m)	purchase
annuler	to cancel, undo
livrer	to deliver

Social Media

social(e)	social
les médias (m)	media
le réseau	network
utiliser	to use
poster	to post
suivre	to follow
chatter / tchatter	to chat (online)
partager	to share
la photo	photo
la vidéo	video
le selfie	selfie
la conversation	conversation
le dialogue	dialogue
la communication	communication
la génération	generation

l'ado (m/f), l'adolescent(e)	*teenager, adolescent*	le souci	*worry, concern*
jeune	*young*	négatif / négative	*negative*
la jeunesse	*youth*	la fois	*time*
l'influence (f)	*influence*	le compte	*account, count*
l'influenceur / l'influenceuse	*influencer*	l'image (f)	*picture, image*
		l'utilisation (f)	*use*
moderne	*modern*	la communauté	*community*
populaire	*popular*	s'inscrire (à)	*to join, enrol (in)*
nouveau / nouvel / nouvelle	*new*	unir	*to unite, join*
disponible	*available*	le débat	*debate*
diminuer	*to lower, decrease*	réagir	*to react*
		le commentaire	*comment, remark*
inquiétant(e)	*worrying, disturbing*	harceler	*to bully, harass*
l'inquiétude (f)	*worry, anxiety*	souffrir	*to suffer*

(The right-hand column items from *s'inscrire (à)* through *souffrir* are marked **Higher**.)

Section Ten — Media and Technology

Sentence Builder — Technology

Pause that video game for a sec — it's time to level up your French sentences...

Answer this question: **'Qu'est-ce que tu penses de la technologie ?'**

Example: J'utilise Internet chaque soir pour regarder des films et chatter avec mes amis. Parfois, j'adore poster des photos sur des sites Internet. Mais il y a des risques — c'est important de rester en sécurité car on peut être victime d'une attaque en ligne.

J'utilise la technologie *I use technology*	tous les jours *every day*	pour envoyer des messages *to send messages*	et *and*	jouer à des jeux vidéos. *play video games.*
	de temps en temps *from time to time*	pour regarder des films *to watch films*		
J'utilise Internet *I use the internet*	chaque soir *every evening*	pour faire mes devoirs *to do my homework*		chatter avec mes amis. *chat with my friends.*

That's it, I'm retiring...

Normalement, *Normally,*	j'aime *I like*	poster des photos *to post photos*		sur les réseaux sociaux. *on social networks.*
		faire du shopping en ligne *to do online shopping*		
Généralement, *Generally,*	j'adore *I love*	suivre les célébrités *to follow celebrities*		sur des sites Internet. *on internet sites.*
Parfois, *Sometimes,*	je préfère *I prefer*	écrire un blog *to write a blog*		sur des applications. *on apps.*

Higher

Cependant, *However,*	ça peut être dangereux — *it can be dangerous —*	c'est important de rester en sécurité *it's important to stay safe*		on peut être victime d'une attaque en ligne. *you can be the victim of an online attack.*
Malgré cela, *Despite this,*			car *because*	
Mais *But*	il y a des risques — *there are risks —*	il ne faut pas partager trop d'informations *you mustn't share too much information*		des gens peuvent te harceler en ligne. *people can bully you online.*

Despite my fear of spiders, the web doesn't seem so bad...
To extend these sentences, add what you think technology will be like in the future.

Section Eleven

Where People Live

Where You Live

exister	to exist
vivre	to live
habiter	to live
l'habitant(e)	resident
l'adresse (f)	address
le / la voisin(e)	neighbour
le village	village
la ville	town
la capitale	capital city
le pays	country
la région	region, area
régional(e)	regional
la rue	street
la route	road
le chemin	way, path
le coin	corner
le bord	edge, side
le bâtiment	building
la côte	coast
la montagne	mountain
la forêt	forest
la campagne	countryside
la ferme	farm
situer	to place, put, situate
se situer	to be situated, take place
où	where
sûr(e)	safe
calme	calm, quiet

national(e)	national
international(e)	international
la banlieue	suburbs, outskirts
la cité	council estate
le terrain	ground, terrain
la province	province
le paysage	landscape, scenery, countryside
le champ	field
la rivière	river
le lac	lake
la pierre	stone
tranquille	quiet
global(e)	global

Higher — applies to la banlieue through global(e)

The Home

la maison	house, home
l'appartement (m)	apartment, flat
le / la propriétaire	owner
chez	to (the place of), at (the place of), with
la porte	door
la fenêtre	window
la clé	key
le jardin	garden
l'animal (m)	animal, pet
les animaux (m)	animals, pets
la pièce	room, piece
la salle	room

le mur	wall
le salon	lounge, living room
la chambre	bedroom
le lit	bed
la cuisine	kitchen, cooking
la table	table
la chaise	chair
la boîte	box
la toilette	washing
les toilettes	toilet, lavatory, bathroom
le bain	bath, bathing
idéal(e)	ideal
joli(e)	pretty, attractive
propre	clean, proper, own
sale	dirty
énorme	enormous
historique	historic
moderne	modern
construire	to build, to construct
la construction	construction, building

Higher

la plante	plant
la feuille	leaf
le sol	floor, ground
l'étage (m)	floor (of a building)
l'oiseau (m)	bird
nettoyer	to clean

The Local Area

le quartier	quarter, district
la place	square, place
l'endroit (m)	place, spot
le lieu	place
l'espace (m)	space
le pont	bridge
la tour	tower
le stade	stadium
l'hôtel (m)	hotel
le château	castle, palace
le musée	museum
le parc	park
le centre	centre
la plage	beach
la piscine	swimming pool
la bibliothèque	library
la boulangerie	bakery
la poste	post office
la banque	bank
l'hôpital (m)	hospital
le cinéma	cinema
le café	café
le restaurant	restaurant
le marché	market
le supermarché	supermarket
le magasin	shop
la caisse	checkout
la sortie	exit
la vente	sale
vendre	to sell
la différence	difference
la station	station

Lav-ly

Section Eleven — Where People Live

la gare	station, railway station
le véhicule	vehicle
l'arrêt (m)	stop
l'avantage (m)	advantage
le besoin	need
le manque	lack
comparer	to compare
social(e)	social
public / publique	public
local(e)	local
vert(e)	green
industriel(le)	industrial
commercial(e)	commercial, shopping (adj.)

Higher

l'organisation (f)	organisation
central(e)	central
ancien(ne)	former, ancient
l'affiche (f)	poster
les hôpitaux (m)	hospitals
bénéficier de	to get, receive, benefit from
gérer	to manage, handle, deal with
divers(e)	varied, diverse
la voie	street, route, way
efficace	efficient, effective
l'achat (m)	purchase
le siège	seat, bench

Directions and Weather

la droite	the right
la gauche	the left
à droite	on the right
à gauche	on the left
droit(e)	right (adj.)
gauche	left (adj.)
devant	in front of
derrière	behind
entre	between
dehors	outside
partout	everywhere
voici	here is
ici	here
là	there
là-bas	over there, out there
près	nearby, close by, near
proche	nearby, close
loin	far
traverser	to cross
décrire	to describe
donner	to give
le mètre	metre
le kilomètre	kilometre
le nord	north
le sud	south
l'ouest (m)	west
le temps	weather
le climat	climate
le soleil	sun
se lever	to rise (sun)
se coucher	to set (sun)

Section Eleven — Where People Live

chaud(e)	*warm, hot*	la direction	*direction*
il fait (beau)	*it is / it's (nice)*	indiquer	*to indicate*
froid(e)	*cold*	l'est (m)	*east*
la neige	*snow*	la position	*position*
il pleut	*it rains*	relativement	*relatively*
	it's raining	la distance	*distance*
le vent	*wind*	la météo	*weather forecast*
le brouillard	*fog, mist, haze*		
tourner	*to turn, go round*	la pluie	*rain*
autour	*around*		

Sentence Builder — Your Town

The town your ancestors built has nothing on the sentences you're about to build...

Use the sentence builder to answer this question: **'Parle-moi de ta ville.'**

Example: Ma ville se situe près de la capitale. Mon quartier a beaucoup de ponts, mais il n'y a pas de bibliothèque. Les hôpitaux de la région gèrent efficacement les besoins médicaux de tous les gens de la banlieue.

Ma région *My region*	se situe *is situated*	près de *near to*	la mer du Nord. *the North Sea.*
Ma ville *My town*		à l'ouest de *to the west of*	la forêt. *the forest.*
	est *is*		belles montagnes. *beautiful mountains.*
Mon village *My village*		à côté de *next to*	la capitale. *the capital city.*

Mon quartier a *My district has*	beaucoup de *a lot of*	bâtiments, *buildings,*	mais il n'y a pas de *but there isn't a*	bibliothèque. *library.*
		ponts, *bridges,*		château. *castle.*
	quelques *some*	cinémas, *cinemas,*	mais il / elle n'a pas de *but it doesn't have a*	musée. *museum.*
Ma région a *My region has*	trop de *too many*	postes, *post offices,*		marché. *market.*

Higher

Les hôpitaux de la région *The region's hospitals*	gèrent efficacement la / les *efficiently manage the*	santé de tous les habitants *health of all the residents*	de la province. *in the province.*
			de la banlieue. *in the suburb.*
	s'occupent bien de la / des *take good care of the*	besoins médicaux de tous les gens *medical needs of everyone*	de la cité. *on the council estate.*

We're really sky-scraping the bottom of the jokes barrel now...
What else is there in your town? Write another sentence that gives lots of details.

Section Eleven — Where People Live

Section Twelve
Environmental and Social Issues

Protecting the Environment

protéger	to protect
le progrès	progress
réduire	to reduce
la réduction	reduction
recycler	to recycle
le recyclage	recycling
l'énergie (f)	energy
diminuer	to lower, decrease
la science	science
le / la scientifique	scientist
l'expert(e)	expert
le chercheur / la chercheuse	researcher
rechercher	to look for, collect
l'action (f)	action
l'information (f)	information
l'effort (m)	effort
améliorer	to improve
important(e)	important
se souvenir de	to remember
sérieux / sérieuse	conscientious, responsible

Higher
conscient(e)	conscious, aware
la limite	limit
adapter	to adapt, adjust
s'adapter (à)	to get used (to)
la coopération	cooperation

l'explication (f)	explanation
transformer (en)	to transform (into)
préserver	to preserve, protect
prévenir	to let (someone) know, warn

Higher
sauver	to rescue, save
se sauver	to escape, get away
la recherche	research, search
remplacer (par)	to replace (with)
la protection	protection
nettoyer	to clean
l'utilisation (f)	use

Environmental Problems

l'environnement (m)	environment
la terre	earth, world, soil, land
le monde	world
la planète	planet
la nature	nature
la population	population
le climat	climate
le ciel	sky
la mer	sea
l'eau (f)	water
l'arbre (m)	tree

le bois	*wood*	le danger	*danger*
le gaz	*gas*	dangereux / dangereuse	*dangerous*
la ressource	*resource*	vide	*empty*
naturel(le)	*natural*	la pollution	*pollution*
menacer (de)	*to threaten (to)*	la conséquence	*consequence*
la menace	*threat*	l'étoile (f)	*star*
détruire	*to destroy*	le papier	*paper*
tuer	*to kill*	l'espèce (f)	*species*
polluer	*to pollute*	mondial(e)	*worldwide, global*
le réchauffement	*warming*		
la catastrophe	*catastrophe, disaster*	le changement	*change*
		causer	*to cause*
la crise	*crisis*	contribuer	*to contribute*
jeter	*to throw*	la puissance	*power*
le plastique	*plastic*	puissant(e)	*powerful*
les déchets (m)	*rubbish*	la circulation	*traffic*
la poubelle	*rubbish bin*	la nécessité	*necessity, need*
le bruit	*noise*	nucléaire	*nuclear*
la lumière	*light*	la destruction	*destruction*
conduire	*to drive*	brûler	*to burn, be on fire*
le transport	*transportation*		
la voiture	*car*	disparaître	*to disappear*
la cause	*cause*	risquer	*to risk*
fabriquer	*to produce, make*	le taux	*rate*
		la qualité	*quality*
l'usine (f)	*factory*	la quantité	*quantity*
remplir	*to fill (up / in)*	la tragédie	*tragedy*
pire (adv.)	*worse, less well*	le pire (adv.)	*the worst, the least well*
augmenter	*to increase, raise*		
s'augmenter	*to grow, expand*		
grave	*serious, grave*		

Higher

Section Twelve — Environmental and Social Issues

Social Issues — Social Problems

le problème	problem
l'avantage (m)	advantage
l'inconvénient (m)	snag, drawback, disadvantage, inconvenience
le souci	worry, concern
la solution	solution
la violence	violence
pauvre	poor
l'abri (m)	shelter
la pauvreté	poverty
la faim	hunger
courant(e)	current, common
actuel(le)	current
moral(e)	moral
le chômage	unemployment
sale	dirty
inquiet / inquiète	worried, anxious
l'inquiétude (f)	worry, anxiety
inquiétant(e)	worrying, disturbing
cacher	to hide

Higher
la guerre	war
l'arme (f)	weapon, arms
le crime	crime
souffrir	to suffer
la souffrance	suffering
raciste	racist
l'ennemi(e)	enemy
attaquer	to attack
l'attaque (f)	attack
l'attentat (m)	attack, assassination attempt
le choc	shock, clash
commun(e)	common
la lutte	struggle, fight, conflict
lutter	to fight, struggle
l'attitude (f)	attitude
la honte	shame
battre	to beat, hit
se battre	to fight
la frontière	border
la bataille	battle
l'industrie (f)	industry
l'enquête (f)	survey, investigation
le débat	debate
l'étude (f)	study
la richesse	wealth
occidental(e)	western
l'humanité (f)	humanity

Social Issues — Politics

la politique	politics
voter	to vote
le vote	vote
le gouvernement	government
le / la président(e)	president
la manifestation	demonstration, event
la révolution	revolution

Section Twelve — Environmental and Social Issues

Higher

l'élection (f)	election
l'électeur / l'électrice	elector, voter
élire	to elect
(avoir) élu	(to have) elected
la victoire	victory
manifester	to protest, demonstrate
le parlement	parliament
l'état (m)	state
le leader	leader
officiel(le)	official
le / la porte-parole	spokesperson, spokeswoman, spokesman
économique	economic
l'économie (f)	economy
la république	republic
la démocratie	democracy
démocratique	democratic
la loi	law
le commerce	trade, commerce
libéral(e)	liberal
l'impôt (m)	tax

Social Issues — Helping Society

aider	to help
l'aide (f)	help
la société	society
la liberté	liberty, freedom
l'égalité (f)	equality
égal(e)	equal
le / la bénévole	volunteer
développer	to develop
intégrer	to incorporate, integrate, include
s'intégrer	to fit in
juste	right, true, correct, fair
organiser	to organise
s'organiser	to get organised

Higher

l'individu (m)	individual
l'humain (m)	human
le citoyen / la citoyenne	citizen
la communauté	community
la paix	peace
l'association (f)	association
le développement	development
la volonté	will
l'accord (m)	agreement
défendre	to defend, forbid, stand up for
contrôler	to check, inspect, control
la libération	liberation

Sentence Builder — Environment

Now we've planted the seed, it's time to branch out and make sentences of your own.

Try answering this question: **'Comment protéger l'environnement ?'**

Example: Il faut recycler le plastique pour protéger la planète. J'essaie d'utiliser moins d'énergie à cause des niveaux de pollution. Si les gens n'adaptent pas leur comportement, certaines espèces vont disparaître.

Il faut *You must*		les déchets *rubbish*	pour aider *to help*	la planète. *the planet.*
On doit *We must*	recycler *recycle*	le plastique *plastic*		l'environnement. *the environment.*
		les vêtements *clothes*	pour protéger *to protect*	
On peut *We can*		**H** ⌈ le verre ⌊ *glass*		la nature. *nature.*

J'essaie de / d' *I try to*	utiliser moins *use less*	d'énergie *energy*		du réchauffement de la planète. *global warming.*
		de gaz *gas*		
J'ai commencé à *I have begun to*	**Higher** ⌈ réduire mon utilisation ⌊ *reduce my use of*	de ressources naturelles *natural resources*	à cause de *because of*	des niveaux de pollution. *pollution levels.* de la crise du climat. *the climate crisis.*

I think I'll switch off soon...

Si les gens *If people*	n'adaptent pas leur comportement, *don't adapt their behaviour,*		certaines espèces vont disparaître. *some species will disappear.*
Si les gouvernements *If governments*	n'écoutent pas les scientifiques, *don't listen to scientists,*		
Si les communautés *If communities*	ne sont pas conscient(e)s des risques pour la planète, *aren't aware of the risks for the planet*		le taux de destruction va augmenter. *the rate of destruction will increase.*

(Higher)

Ghosts are so energy conscious — they're super natural...
Now have a go at talking about an environmental problem in your city or local area.

Section Twelve — Environmental and Social Issues

Section Thirteen
Nouns, Articles & Linking Words

Determiners

le	*the (m)*
la	*the (f)*
les	*the (pl.)*
un(e)	*a, an*
du	*some (m)*
de la	*some (f)*
des	*some (pl.)*
ce / cet	*this, that (m)*
cette	*this, that (f)*
ces	*these, those*

Subject Pronouns

je	*I*
tu	*you (sing. inf.)*
il	*he, it (m)*
elle	*she, it (f)*
on	*everyone, you, one, we (inf.)*
nous	*we*
vous	*you (pl. formal)*
ils	*they (m)*
elles	*they (f)*

Object Pronouns

me	*me*
te	*you (sing. inf.)*
vous	*you (sing. formal)*
le	*him, it (m, direct)*
la	*her, it (f, direct)*
lui	*him, her, it (indirect)*
nous	*us* (Higher)
vous	*you (pl.)* (Higher)
les	*them (direct)* (Higher)
leur	*them (indirect)* (Higher)

Possessive Adjectives

mon, ma, mes	*my (m, f, pl.)*
ton, ta, tes	*your (m, f, pl.)*
son, sa, ses	*his / her / its (m, f, pl.)*
notre, nos	*our (m/f, pl.)*
votre, vos	*your (m/f, pl.)*
leur, leurs	*their (m/f, pl.)*

Emphatic Pronouns

moi	*me*
toi	*you (sing. inf.)*
lui	*him, it (m)*
elle	*her, it (f)*
nous	*us*
vous	*you (pl. formal)*
eux	*them (m)* (Higher)
elles	*them (f)* (Higher)
moi-même	*myself*
toi-même	*yourself (sing. inf.)*
lui-même	*himself*
elle-même	*herself*

Reflexive Pronouns

me	*myself*
te	*yourself (sing. inf.)*

se	himself, herself, itself, oneself		pendant	during
			sur	on
nous (Higher)	ourselves, each other		sous	under
			à côté de	next to
vous (Higher)	yourselves, each other (pl. formal)		derrière	behind
			devant	in front of
se (Higher)	themselves, each other (m/f)		dans	in
			entre	between
			voilà	right, there, here
			sauf	except

Indefinite Pronouns

quelqu'un	somebody, someone		depuis (Higher)	since, for
tout le monde	everybody, everyone		vers (Higher)	towards
			dès (Higher)	from, as soon as
quelque chose	something		parmi (Higher)	among
plusieurs	several			

Conjunctions

tout	all, everything
certains	some people
chacun(e) (H)	each person

Prepositions

à	at, to, in, on		mais	but
en	in, by, on, to, at		et	and
de	of, from		ou	or
avec	with		puis	then, so
sans	without		donc	so, therefore
à cause de	because of		ensuite	next
chez	at (the place of)		parce que	because
par	by, per		car	because, for
malgré	despite, in spite of		cependant	however
avant (de)	before		par contre	on the other hand
après	after		par exemple	for example
jusque	to, up to, until		comme	like, as
pour	for, in order to		si	if, whether
contre	against		même si	even if
			ne...ni (Higher)	neither...nor
			puisque (Higher)	as, because
			en plus (Higher)	in addition, also

Section Fourteen

Adjectives and Adverbs

Regular Adjectives

général(e)	*general*
plein(e)	*full*
haut(e)	*high*
étroit(e)	*narrow, tight*
normal(e)	*normal*
original(e)	*original*
évident(e)	*obvious*
précis(e)	*precise, accurate*
vrai(e)	*true*
essentiel(le)	*essential*
possible	*possible*
impossible	*impossible*
pareil(le)	*the same*
faux / fausse	*false*
nécessaire	*necessary, required*

Higher:
positif / positive	*positive*
négatif / négative	*negative*
lourd(e)	*heavy*
exact(e)	*exact, correct*
suffisant(e)	*sufficient*
entier / entière	*whole, full*
ordinaire	*ordinary*
régulier / régulière	*regular*
indispensable	*essential*
rare	*rare*

Indefinite Adjectives

quelque	*some*
même	*same, even*
autre	*other*
chaque	*each*
certain(e)	*certain*
tout(e)	*all*
nombreux / nombreuses (H)	*many, numerous, plentiful*

Adverbs

également	*also, too, as well, equally*
rapidement	*quickly, rapidly*
facilement	*easily*
lentement	*slowly*
seulement	*only*
tellement	*so much*
bien	*well*
mal	*badly*
vite	*fast, quickly*
même	*even*
aussi	*also, too, as well*
encore	*again, yet*
déjà	*already, yet*
alors	*so, well, then*
puis	*then, so*
surtout	*especially, above all*
ensuite	*next*

	souvent	*often*
	d'abord	*first of all, firstly, to start with*
⎡ Higher	simplement	*simply*
	actuellement	*at present*
	effectivement	*effectively*
	exactement	*exactly*
	absolument	*absolutely*
	complètement	*completely*
	autrement	*differently*
	certainement	*certainly*
	heureusement	*fortunately, luckily*
	parfaitement	*perfectly*
	largement	*widely*
	évidemment	*obviously*
	suffisamment	*sufficiently*
	apparemment	*apparently*
	notamment	*notably*
	ailleurs	*elsewhere*
⎣	pourtant	*yet, nonetheless, nevertheless*

Quantifiers and Intensifiers

trop	*too*
trop de	*too much, too many*
très	*very*
assez	*quite*
beaucoup de	*a lot of*
un peu de	*a bit of, a little*

	peu de	*few, little*
	plusieurs	*several, many*
	vraiment	*really*
	presque	*almost*
⎡ Higher	plutôt	*rather*
	extrêmement	*extremely*
	particulièrement	*particularly*
	entièrement	*entirely, completely*
⎣	relativement	*relatively*

Comparatives and Superlatives

	plus de	*more*
	moins de	*less*
	plus...que	*more...than*
	moins...que	*less...than*
	aussi...que	*as...as*
	meilleur(e)	*better (adj.)*
	mieux	*better (adv.)*
	pire	*worse*
⎡	le / la / les plus	*the most*
	le / la / les moins	*the least*
Higher	le / la / les meilleur(e)(s)	*the best (adj.)*
	le mieux	*the best (adv.)*
	le / la / les pire(s)	*the worst (adj.)*
⎣	le pire	*the worst (adv.)*

Section Fourteen — Adjectives and Adverbs